"अभिव्यक्ति"

राशि दास

मैं अपने जीवन की प्रथम स्वलिखित काव्य संग्रह "अभिव्यक्ति" को अपने माता पिता(दोनों पक्ष के),अपने पति और अपनी बेटी को समर्पित करती हूं।

क्रम-सूची

क्रम-सूची

क्रम-सूची

प्रस्तावना

आज ज़िन्दगी बहुत तेज़ रफ्तार में भाग रही है। हमें अपने व्यस्त दिनचर्या से फुर्सत ही नहीं मिलती कि हम कुछ वक्त ठहरकर खुद को व औरों को समझ सकें।अपनी भावनाओं को,अपने प्रेम को अभिव्यक्त करने व किसी और की अभिव्यक्ति को समझने का अवसर ये ज़िन्दगी हमें देती ही नहीं। इसीलिए इस काव्य संकलन में हर प्रकार के भाव से जुड़ी कविताएं सम्मिलित की गई हैं।ताकि ये पुस्तक एक माध्यम बन सके खुद को व औरों के दृष्टिकोण को समझने के लिए।सबसे बड़ी बात इन कविताओं को कवियत्री ने अपने अनुभवों के आधार पर उस वक्त लिखा,जब वो स्वयं एक प्रकार के अवसाद (डिप्रेशन) से जूझ रही थी और अपनों का साथ होने के बावजूद कवियत्री अपने डर को व अपने विचारों को औरों के साथ बांटने में झिझकती थी। उन्हें लगता था कि शायद ही उन्हें कोई समझ पाये। इसीलिए उन्होंने अपने मन में चल रहे भावनाओं के उथल-पुथल को कविताओं के रूप में कागज़ पर उतारने का निर्णय लिया।और उन कविताओं के संग्रह को शीर्षक दिया- "अभिव्यक्ति"।

पावती (स्वीकृति)

मुझे इस काव्य संग्रह को पूरा करने में लगभग एक वर्ष का समय लगा जो मेरी नज़रों में काफी ज़्यादा है।

वजह था वह अवसाद(डिप्रेशन) जिसने मेरे आत्मविश्वास की धज्जियां उड़ा रखी थी। ऐसे में मुझे जिन लोगों ने संभाला,वो थे मेरे माता-पिता(दोनों पक्ष के), मेरे पति और मेरी नन्ही-सी बेटी। मेरे माता-पिता जिन्होंने मेरी कविताओं को हमेशा सराहा।मुझे निरन्तर लिखते रहने के लिए प्रेरित किया और मुझे कभी टूटने नहीं दिया।

मेरे पति जिन्होंने मुझपर मुझसे भी ज़्यादा भरोसा किया और हर कदम पर मेरे साथ मेरी ढाल बनकर खड़े रहे और मेरी बिटिया जिसके नन्हें शुभ कदम मेरी ज़िन्दगी में पड़ने के बाद ही मुझे खुद को जानने और समझने का मौका मिला।इसीलिए मेरे अपनों को तहे दिल से शुक्रिया,क्योंकि अगर वो न होते तो मैं आज यहां इस मुकाम पर न होती।

-राशि दास-

कवियत्री का जीवनचरित

श्रीमती राशि दास जी 'संवेदना 'नामक संस्था की अध्यक्ष हैं। इसके अतिरिक्त वह एक गृहिणी होने के साथ -साथ एक तीन वर्षीय पुत्री की मां भी हैं। इनके दृष्टिकोण से लावारिस पशुओं और ज़रुरतमंद लोगों के लिए कुछ कर पाना इस दुनिया का सबसे सुखद कार्य है। इन्हें अपने विचारों को व नज़रिए को कविताओं का रुप देना बेहद पसंद है।

राशि जी की नज़रों में "लेखनी"अभिव्यक्ति का एकमात्र ऐसा साधन है जिससे किसी की भावनाओं को ठेस भी नहीं पहुंचता और लेखक का दृष्टिकोण भी समझ में आने लगता है।

1. बाबा

ये कागज़ और कलम के बस में कहां जो मेरे,
ज़हन में बसी मेरे बाबा की छवि को अल्फाज़ दे सके।
उन्हें खुदा की नेमत कहूं या समझूं खुदा ही,
ये ज़रा किश्तों में ही सही कोई तो समझा सके।

मुझे याद है वो वक्त आज भी,
जब कटती थी रातें मेरी उस तेज़ बुखार की तपिश को
झेलते हुए,
तब बाबा किस तरह कंधों पर लिए मुझे हर पहर आंगन
में टहला करते थे।
अपने नींद को कर दरकिनार उस वक्त मुझे लिए गोद में
वो,
न जाने कितने ही रैन यूं ही जग कर बिताया करते थे।
आज भी मेरे तबीयत की खबर उन्हें मुझसे पहले होती है।
कैसे!काश ये ज़रा कोई तो लफ़्ज़ों में बता सके।
उन्हें खुदा की नेमत कहूं या समझूं खुदा ही,
ये ज़रा किश्तों में ही सही कोई तो समझा सके।

कहानियों के खान हैं बाबा मेरे,
न जाने कितने ही किस्से सुनाए होंगे मुझे उन्होंने,
मेरे हर एक निवाले के लिए,
सुना करती थी मैं जिन्हें अपना सुध-बुध खोकर ,

अक्सर उनकी गोद में,अपनी असीम कल्पनाएं लिए।
वो बचपन तो पीछे छूट गया पर,कहानियां आज भी
फुर्सत के लम्हों में मुझे गुदगुदा जाती हैं।
ताज़गी वो बरकरार अब भी कैसे है!

ये ज़रा कोई तो समझा सके।
उन्हें खुदा की नेमत कहूं या समझूं खुदा ही,
ये ज़रा किश्तों में ही सही कोई तो समझा सके।

मैंने बाबा से ही सीखा है,
ज़िन्दगी में मिले खटास को मिठास में बदलने का तरीका।
और जाना,
किसी और की खुशियों में मुस्कुराते कैसे हैं! अपने गमों
को भुलाकर,इस बात का सलीका।
मेरी ज़िन्दगी के रहनुमा हैं वो,
पर इस बात से शायद बेखबर हैं वो।
क्या है कोई जरिया ऐसा जो,ये राज़ उन तक पहुंचा सके?
उन्हें खुदा की नेमत कहूं या समझूं खुदा ही,
ये ज़रा किश्तों में ही सही कोई तो समझा सके।

मेरे बाबा के होते हुए न,
मुझे मुसीबतों की परवाह रही नहीं कभी,
वो साये की तरह हर कदम पर मेरे साथ जो रहते हैं।
जब छूटने लगती है हिम्मत मेरे कोशिशों की और
लड़खड़ाने लगते हैं कदम,
वो बढ़ कर आगे मेरे टूटते हौंसले को फिर से संभाल लेते
हैं।

मेरे दिल की मायूसी को वो न जाने कैसे देख लेते हैं!
ये ज़रा इशारों में ही सही कोई तो बता सके।
उन्हें खुदा की नेमत कहूं या समझूं खुदा ही,
ये ज़रा किश्तों में ही सही कोई तो समझा सके।

ज़िन्दगी ज़िंदादिली का नाम है।
ये बात जानी मैंने उनके सोहबत में रहकर।
औरों के लिए कुछ कर गुजरने का जज़्बा होता क्या है!
ये भी सिखाया मुझे उन्होंने खुद उन्ही रास्तों पर चलकर।
उन्हें अगर मैं दुनिया कहूं अपनी तो भी शायद कम होगा,
मेरे शब्द तो नहीं पर काश!
मेरी आंखें ही ये बात उन्हें जता सके।
उन्हें खुदा की नेमत कहूं या समझूं खुदा ही,
ये ज़रा किश्तों में ही सही कोई तो समझा सके।

2. मां

एक ऐसा रिश्ता जिससे जुड़े जज़्बातों को,
शब्दों में पिरो पाना मुश्किल ही नहीं नामुमकिन है ।
वह महज़ एक रिश्ता ही नहीं जिसे कागज़ पर उकेर दूं,
वो तो दुनिया है मेरी,जिनसे होता शुरू मेरा हर दिन है।

वो दोस्त भी हैं और हमसफ़र भी,
जो बिन कुछ कहे ही, मेरे ग़मों को पी जाती हैं ।
मेरे हर,ज़ख्म हर मर्ज़ के लिए,
वो तो जादुई दवा बन जाती हैं।

मुझसे जुड़ा हर किस्सा,उनकी अपनी कहानी है,
मेरी खुशियों में ही छिपी उनकी मुस्कुराती ज़िंदगानी है।
कोशिश तो करती हूं कि,मैं उनके जैसी ही बनूं,
बिल्कुल निडर और मज़बूत,
पर चाहे कुछ भी कर लूं वो बात मुझमें कहां आनी है।
नज़रें उनकी एक किताब सी पड़ लेती हैं मुझे, इसीलिए
हाल-ए-दिल बयां करने के लिए लफ़्ज़ों की जरुरत नहीं
पड़ती।
बड़ी बारीकी से सारी गांठें मन की खोल देती हैं वो,
और बेफिजूल शिकायतों की दास्तां मेरी सुनते हुए भी नहीं
थकती।

बस ऐसी ही हैं मेरी मां बिल्कुल मासूम-सी भोली-भाली सी,
जिन्हें परवाह अपनी तबीयत की कभी-भी नहीं रही।
लेकिन बात जब मुझसे जुड़ी और मेरी तकलीफों पर आई,
तब वो मेरे लिए मेरी तकदीर से भी लड़ी।

मैं कैसे भूल जाऊं वक्त वो ,
जब यही वक्त मेरा इम्तिहान ले रहा था।
कशमकश की ज़ंजीरों में बांध,
हर दिन,हर पल मुझे तोड़ रहा था।
तब किस तरह मेरी हिम्मत बन उन्होंने
मुझे बिखरने ही नहीं दिया।
मेरे दर्द को मेरी मां ने अपने अंदर बड़ी सहजता से समेट
लिया।

इसीलिए,
मां को चन्द पंक्तियों में अभिव्यक्त कर पाना,
मेरे लिए आसान बात नहीं।
पर नज़रों में मेरे उन्हें खुदा ही समझिए,
क्यों कि वो मां है कोई आम इंसान नहीं।

3. हमसफर तुम सा हो तो क्या बात हो।

ज़िन्दगी का ये सफ़र मुश्किल ही सही,

पर हमसफर तुम सा हो तो क्या बात हो।

राहों पर तपती धूप का शिकंजा ही सही,

पर बारिश के ठंडे फुहार सा तुम्हारा साथ हो तो क्या बात
हो।

अगर लड़खड़ाकर गिरती हूं मैं कभी

तो थामने वाला मुझे वो तुम्हारा हाथ हो,तो क्या बात हो।

ज़िन्दगी का ये सफ़र मुश्किल ही सही,

पर हमसफर तुम सा हो तो क्या बात हो।

तुम तो वो हो जिससे अगर चांद मांगा

तो आसमान को मेरे कदमों में झुका दिया।

तुम वो चिंगारी हो उन अन्धेरी रातों का,

जिसने बुझी हुई उम्मीदों का दिया फिर जला दिया।

उलझनें तो लाख रहेंगी ज़िन्दगी में,

पर जवाब तुम सा हो तो क्या बात हो।

ज़िन्दगी का ये सफ़र मुश्किल ही सही,

पर हमसफर तुम सा हो तो क्या बात हो।

ठहराव हो तुम मेरी भागती हुई ज़िन्दगी का,

किताब हो तुम मेरे बिखरे पड़े हुए लम्हों का,

श्रृंगार हो तुम मेरे अल्हड़ से यौवन का,

सुकून हो तुम मेरे बरसों की थकान का।
यूं तो बढ़ चली हूं मैं कंटीले रास्तों पर
अपनी मंजिल की ओर-२
पर पैरों के गहरे ज़ख्मो पर मरहम तुम सा हो तो क्या
बात हो।
ज़िन्दगी का ये सफ़र मुश्किल ही सही,
पर हमसफर तुम सा हो तो क्या बात हो।

4. मेरी सोन चिरैया

मेरी सोन चिरैया,
मेरी नन्ही-सी परी।
गुलज़ार है बदौलत जिसके मेरा आंगन,
तुम्ही तो हो वो सुंदर-सी कली।

यूं तो हो तुम कोमल-सी,नाज़ुक सी,
पर तुम्हारे हौंसले की चोटी उतनी ही मज़बूत और ऊंची है।
तुम तो इतनी बहादुर हो कि,
सामने तुम्हारे हर किसी की हिम्मत पड़ी फीकी है।
अपने बाबा के आंखों का नूर हो तुम,
और अपने मां के लिए उनके जीने का सबब।
तुम तो वो फल हो हमारे सत्कर्मों के दरख़्त का,
जिसके भार से उस शजर की डाली झुकी है।
मेरी सोन चिरैया,
मेरी नन्ही-सी परी।
गुलज़ार है बदौलत जिसके मेरा आंगन,
तुम्ही तो हो वो सुंदर-सी कली।

क्या जरूरत है तुम्हें किसी और की तरह बनने की,
तुम जैसी भी हो खुद में ही एक मिसाल हो।
अरे मेरी छोटी सी गुड़िया!
तुम तो न जाने कितने उलझे सवालों का बस एकमात्र

जवाब हो।
अपने नाना और दादा के जीवन भर का सूद हो तुम,
और दादी व नानी के लिए उनकी चहकती बुलबुल।
न जाने कौन से ऐसे पुन्य थे हमारे ,
जो तुम हमें ईनाम में मिली।
मेरी सोन चिरैया,
मेरी नन्ही-सी परी।
गुलज़ार है बदौलत जिसके मेरा आंगन,
तुम्ही तो हो वो सुंदर-सी कली।

मत घबराना तुम अगर मुश्किल रास्तों पर लड़खड़ा जाओ
कभी तो,
तुम्हारे बाबा है न! हमेशा की तरह तुम्हें,
कंधों पर अपने बैठाने के लिए।
और अकेली पड़ जाओ कभी अगर तुम,
तो दौड़ कर आ जाना मेरे पास क्यों कि,
ये मां हमेशा है तुम्हें संभालने के लिए।
मेरी शक्कर सी मीठी बिटिया!
तुम्हीं से आबाद है इस घर की गली।
मेरी सोन चिरैया,
मेरी नन्ही-सी परी।
गुलज़ार है बदौलत जिसके,मेरा आंगन,
तुम्ही तो हो वो सुंदर-सी कली।

5. कौन कहता है।

कौन कहता है कि हिचकियां सिर्फ,
यादों का पैगाम बन कर आती हैं ।
वो तो तब भी आती हैं जब,
सिसकियों को रोकने की ताकत लफ़्ज़ों में नहीं बचती है।
कौन कहता है कि तजुर्बा ज़िन्दगी का कितना है,
ये सिर्फ चेहरे पर पड़ी झुर्रियां ही बता पाती हैं।
तजुर्बा तो उन चेहरों पर भी नज़र आ जाता है,
जहां ज़िम्मेदारियां बड़ी नन्हें कंधों पर आ धमकती है।

सिक्का एक ही है पर पहलू दो!
कही गई बातें गहरी कितनी हैं ये कौन तय करेगा!
जो मसला अब तक न हल हुआ वह अब कैसे सुलझेगा!
जब तक मुट्ठी न खुले हथेली पर,
रेत है या नमक यह फैसला कैसे लिया जाए!
कभी कभी अपनी हठ छोड़ ज़रा,
औरों को भी सुन लिया जाए।

कौन कहता है कि उलझे हुए धागे,
सुलझते नहीं कभी।
बड़ी सहूलियत से सुलझ जाती हैं वो गांठें भी,
जहां बांसुरी कोशिशों की बजती है।
कौन कहता है कि हिचकियां सिर्फ,

यादों का पैगाम बन कर आती हैं ।
वो तो तब भी आती हैं जब,
सिसकियों को रोकने की ताकत लफ़्ज़ों में नहीं बचती है।

धारणाओं के तराज़ू पर,
जज़्बातों को तौलना,अब बस भी करते हैं,।
किसी और की कहानी को,
नज़रों से अपने समझना,अब बस भी करते हैं।
बातें किताबों की हकीकत से है बेहद अलग,
इसीलिए कड़ियों को जोड़ने का सिलसिला,
अब यही छोड़ देते हैं।

कौन कहता है कि किस्मत में लिखा,
बदलता नहीं कभी।
वो तो तब भी बदल जाता है जब,
उम्मीदें अंश मात्र भी दिल में नहीं बचती हैं।
कौन कहता है कि हिचकियां सिर्फ,
यादों का पैगाम बन कर आती हैं ।
वो तो तब भी आती हैं जब,
सिसकियों को रोकने की ताकत लफ़्ज़ों में नहीं बचती है।

6. उलझी-उलझी सी बातें

उलझे हुए धागे हाथों से,
अकसर सुलझ जाया करते हैं।
पर उलझनें जो मन की हो ,
तो फिर कैसे सुलझाएं!
बंद मुट्ठी से रेत,
यूं तो फिसल ही जाया करते हैं।
जो वक्त फिसले हाथों से,
तो उसे किस तरह ठहरायें।

कहने को तो तकदीरें कैद है,
बंद मुट्ठी में हमारे।
पर फैसले बड़े-बड़े वो ज़िन्दगी के ,
हमारे हाथों में कहां!
सब कुछ तो ढह चुका है,अब टुकड़ों में बंट चुका है।
वो बचे-खुचे सपने भी,
अब सपनों में कहां!
जो राख कागज़ के हो,
तो उड़ाए जा सकते हैं।
पर जो आग नज़रों में गहराए,
उसे किस तरह बुझाएं!
उलझे हुए धागे हाथों से,
अकसर सुलझ जाया करते हैं।

पर उलझनें जो मन की हो,
तो फिर कैसे सुलझाएं!

यूं तो बेचैनियां भरी पड़ी है दिल में,
पर,चलो छोड़ो उन पर सवालात नहीं करते।
जो ज़िद पूरी न हो अगर तो फिर,
उनपर भी,बेफिजूल बात नहीं करते।
पर बता दो ज़रा कि,
कांटे जो पौधों के, पैरों में धंसे हो,
तो उंगलियों से वह अकसर निकल जाया करते हैं।
पर बाण जो शब्दों के दिल में धंस जाए,
उन्हैं किस तरह हटायें!
उलझे हुए धागे हाथों से,
अकसर सुलझ जाया करते हैं।
पर उलझनें जो मन की हो ,
तो फिर कैसे सुलझाएं!

7. वो बीते हुए दिन।

चलो कुछ गुज़री हुई बातें याद करते हैं।
सुबह की उस हल्की धूप से नज़रें चुराकर,
करवटें बदलना और ढलती शामों की,
वो बेहिसाब मुलाकातें याद करते हैं।
चलो कुछ गुजरी हुई बातें याद करते हैं।

कितनी बेफिक्र थी ये ज़िन्दगी उन सर्द हवाओं में भी,
जब चाय की चुस्कियों पर ठहाके लगा करते थे।
बातों का सिलसिला वो कभी न रुकता था,
जब सुबह की सैर पर हम दोस्त मिला करते थे।
आज उन्हीं अनमोल यादों से नज़रें चार करते हैं।
चलो कुछ गुज़री हुई बातें याद करते हैं।

एक वक्त था जब किताबी कहानियां पढ़ते-पढ़ते,
एक किरदार उनमें हम अपना भी ढूंढ लिया करते थे।
तब हिसाब न रखता था कोई उन बेशुमार शरारतों का,
और न ही शिकायतें हम किसी की दिल में रखते थे।
बस उन्हीं लम्हों का ज़िक्र आज फिर एक बार करते हैं।
चलो कुछ गुज़री हुई बातें याद करते हैं।

क्या याद हैं तुम्हें वो मिट्टी का घरौंदा!
जिसे कभी हमने मिलकर अपने सपनों सा सजाया था।

और बरगद के पेड़ पर टंगा वो झूला ,
जिसने पहली बार हमें आसमान से मिलवाया था।
आज की शाम फिर किसी घाट पर बैठ,
उस ढलते हुए सूरज से खामोशी में कल की बात करते हैं।
चलो कुछ गुज़री हुई बातें याद करते हैं।

8. गौ की गुहार

अंधकार में है मेरा जीवन,
अबोध हूं मैं, अनजान हूं मैं।
जीवनपर्यंत सेवा की जिसकी,
उसको न अब स्वीकार हूं मैं।
छोड़ दिया मुझे सड़कों पर,
क्या अंश नहीं मैं उस दाता की!
क्या त्याज्य हूं मैं इस दूध बिना,
और मां नहीं मैं इस जग की?
मत मानो मुझको तुम मां,
पर जीने का अधिकार तो दो।
गुहार है मेरी इस जग से,
मुझे जीवन दो, मुझे जीवन दो।
निश्छलता में जो प्रेम दिया,
उस अपराध का दंड है ये?
या बूंद-बूंद न्योछावर उस,
अमृत का उतरा क़र्ज़ है ये!
बांझ सही पर जीव तो हूं,
उस दुग्ध को मेरे मान तो दो।
गुहार है मेरी इस जग से,
मुझे जीवन दो, मुझे जीवन दो।

9. तुम ही तुम।

ज़रुरत नहीं किसी रहनुमा की मुझे,
जब तुम सा हमसफ़र साथ हो,
तो भटकने को जी चाहता है।
मुक़दमा गुनाह-ए-इश्क़ का तुमसे
गर चल रहा हो मुझपर,
फिर तो हार जाने को जी चाहता है।

दिल के दरवाज़े को खटखटाकर हौले से,
जब तुमने इस गुस्ताखी की इजाज़त दे ही दी मुझे।
फिर जो भी हो जाय अब तो ,
इस मुहब्बत में फना होने को जी चाहता है।
ज़रुरत नहीं किसी रहनुमा की मुझे,
जब तुम सा हमसफ़र साथ हो
तो भटकने को जी चाहता है।

मुझे बता दो ज़रा कि ,
ये जो होश गंवा बैठी हूं तुमसे मिलकर,
अब उसे किस तरह संभालूं!
तुम जो हर तरफ ही दिखते हो,
तो क्या नज़रों पर पर्दे गिरा लूं!
जब ख्यालों पर कब्ज़ा सिर्फ तुम्हारा हो,
तब फिर हकीकत में वापसी कौन चाहता है!

ज़रूरत नहीं किसी रहनुमा की मुझे,
जब तुम सा हमसफ़र साथ हो
तो भटकने को जी चाहता है।

10. मेरी अनमोल मुस्कराहट

बमुश्किलों से तो मुझे फिर,
मेरी मुस्कराहट हाथ लगी है।
इन्हें यूं ही कैसे गंवा दूं,
चन्द नाकामयाबियों के चलते।
बस अभी-अभी तो शुरू ही हुआ है,
अपने वजूद को तराशने का सफर।
इसे यूं ही कैसे रोक दूं ,
उन बेफिज़ूल ख़यालों के चलते।
आज कलम की स्याही से ,
मैं अपना कल संवारने चली हूं।
अब पुराने गहरे ज़ख्मों पर,
मैं शब्दों का मरहम लगाने चली हूं।
मौजूदा -ए-हालात पर सवाल दागकर,
कुछ भी हासिल न होगा मुझे ।
इसीलिए जो जैसा है,
उसे वैसे ही अपनाने चली हूं।

बस अभी अभी तो ख़ुदी को गंवा कर,
खुद को हासिल किया मैंने।
अब यूं ही कैसे बदल जाऊं,

उन मतलबपरस्त शर्तों के चलते!
बमुश्किलों से तो मुझे फिर,
मेरी मुस्कराहट हाथ लगी है.
इन्हें यूं ही कैसे गंवा दूं,
चन्द नाकामयाबियों के चलते।

11. मोहब्बत की दुनिया

चलो चलें आहिस्ता-आहिस्ता ,हाथों में हाथ लिए,
खो जाएं हम तुम कहीं,जज़्बातों को साथ लिए।
जहां बातें नज़रों की नहीं, नज़रों से की जाय,
ज़र्रे-ज़र्रे में मोहब्बत हो जहां,बिन शर्तों की किताब लिए।

एक ऐसे आशियाने की तरफ रूख करें हम,
ठहरने के लिए जहां,वजह कोई ज़रुरी न हो।
गहराईयां इश्क की नापी न जाए जहां,
और बेबुनियादी बातों की छींटाकशी भी न हो।

जहां रैना न बीते पलकों को झपकते ही,
और बैठे रहे हम तुम,मुट्ठी में मुकद्दर को कैद किए।
जहां बातें नज़रों की नहीं, नज़रों से की जाय,
ज़र्रे-ज़र्रे में मोहब्बत हो जहां,बिन शर्तों की किताब लिए।

चलो ढूंढे उस मुस्कुराहट को एक दूजे के जो,
खिलती थी कभी कभी यूं ही बिन बात के चेहरे पर हमारे।
चलो एक दूजे के ख्यालों में इस कदर होश खो बैठे कि,
मज़हबी बंदिशों का ज़हर घुल न पाए जीवन में हमारे।

चलो चलें वहां,जहां ज़ंजीरें भी इश्क की बनी हो,

और बंधकर उनमें मिट जाए हम तुम बाहों में एक दूजे को लिए।
जहां बातें नज़रों की नहीं, नज़रों से की जाय,
ज़र्रे-ज़र्रे में मोहब्बत हो जहां,बिन शर्तों की किताब लिए।

12. हौसला।

अरे ओ राहगीर!

आज रुक मत तू इस कदर ,

अभी तो एक लम्बी लड़ाई जीतनी बाकी है।

उन गहरी काली रातों के बाद,

एक नया सवेरा देखना बाकी है।

माना कि लिपटी हैं राहें अपनी ,

एक अनदेखे खौफ के चादर में।

और छिप चुका है सूरज उम्मीदों का ,

निराशाओं के बादल में।

पर एक कोशिश और कर ले,

मत हो उदास तू इस कदर।

अभी तो बन चिंगारी इस अंधेरे को मिटाना बाकी है।

आज रुक मत तू इस कदर,

अभी तो एक और लम्बी लड़ाई जीतनी बाकी है।

माना कि पल-पल बदल रहा है मंज़र,

और हालात बेकाबू हो रहे हैं।

एक तरफ डर है दिल में अपनों से बिछड़ने का,

तो दूसरी ओर अफवाहें मन को तोड़ रहे हैं।

पर है कोई अभी भी, नज़र जिसकी है मुश्किलों पे तेरे,

अपलक निहार रहा तुझे,बैठे कश्ती में तेरे।

डूबने न देगा कश्ती वो तेरा,

रख भरोसा तू उसपर इस कदर।

अभी तो इस ज़िन्दगी की सबसे लम्बी छलांग बाकी है।
आज रुक मत तू इस कदर,
अभी तो एक और लम्बी लड़ाई जीतनी बाकी है।

13. अल्फ़ाज़ नहीं मिल रहे मुझे।

आज अल्फ़ाज़ नहीं मिल रहें मुझे,
हाल-ए-दिल तुम्हें बयां करने के लिए।
ज़रा पढ़कर मेरी नज़रों को,
तुम खुद ही समझ जाओ ना।

न खुश हूं ,ना ही उदास हूं मैं आज,
अपनी मनोदशा बताने में तुम्हें,असमर्थ हूं मैं आज।
मैं हूं तुम्हारे साथ हमेशा, तुम घबराओ नहीं,
ज़रा करीब आकर ये बात,मुझे फिर से कह जाओ ना।

आज अल्फ़ाज़ नहीं मिल रहे मुझे,
हाल-ए-दिल तुम्हें बयां करने के लिए।
ज़रा पढ़कर मेरी नज़रों को,
तुम खुद ही समझ जाओ ना।

अन्तर्मन में तूफान सा चल रहा है,
पर बाहर से, मैं शांत बैठी हूं।
कैसे दिखाऊं तुम्हें वेदना वो मन की,
जिसे मैं अपने अन्दर संभाले बैठी हूं।

जैसे बिनकहे ही महसूस कर लेते थे तुम पहले,
मेरी झूठी मुस्कराहट में छिपे हुए दर्द को।
ठीक वैसे ही मेरी खामोशी को भी ,
तुम ज़रा एकबार समझ जाओ ना।

आज अल्फ़ाज़ नहीं मिल रहे मुझे,
हाल-ए-दिल तुम्हें बयां करने के लिए।
ज़रा पढ़कर मेरी नज़रों को,
तुम खुद ही समझ जाओ ना।

14. नज़रिए का फर्क।

न आप ग़लत हैं और न ही हम ग़लत हैं,
फर्क सिर्फ नज़रिए का यहां है।
माना कि कुछ तज़ुर्बे आपको ज़्यादा हैं हमसे,
लेकिन तज़ुर्बा हमें भी कम कहां है!

किसी मंज़िल को पाने के लिए राहें जो चुनी हमनें,
वो राह एक ही हो,ये ज़रूरी तो नहीं।
चुना है उसे आपने ,अपने अनुभव के आधार पर,
पर उन्हीं अनुभवों से गुज़रे हो हम भी,ये ज़रूरी तो नहीं।

गलतफहमियां अक्सर पनप जाती हैं,जब ये कहे कोई,
कि तुम गलत हो और सही हम यहां है।
नहीं जनाब!
न आप ग़लत हैं और न ही हम ग़लत हैं,
फर्क सिर्फ नज़रिए का यहां है।

अगर होते हैं इंसान अलग-अलग तो,
उनका व्यक्तित्व भी तो अलग ही होता है।
एक हाथ की पांच अंगुलियों का,
आकार क्या कभी बराबर होता है!

अब कहे अगर कोई पंक्षी मछलियों से ,

कि तुम सीखो उड़ना आसमान में मुझसे।
क्योंकि तैरना तो ग़लत है,ये लगता है मुझे,
सिर्फ उड़ना ही सही होता यहां है।

नहीं-नहीं जनाब!
हर किसी का तरीका अपने जीवन को जीने का,
अलग-अलग होता यहां है।
न आप ग़लत हैं और न ही हम ग़लत हैं,
फर्क सिर्फ नज़रिए का यहां है।

15. मेरे जीवन के उसूल।

कुछ उसूल बना रखे हैं मैंने ,
ज़िन्दगी को अपने ढंग से जीने के लिए।
रास्ते जो कच्चे व सँकरे होते हैं,
असल में होते वही हैं,आगे बढ़ने के लिए।

जिन रास्तों पर भीड़ बढ़ रही हो,
सरल हो सकते हैं वो,पर ज़रुरी नहीं कि सही हो।
करना न पड़े अगर सामना मुश्किलों का,तो समझ लेना,
कि नहीं है वो रास्ते आगे बढ़ने के लिए।

कुछ उसूल बना रखे हैं मैंने ,
ज़िन्दगी को अपने ढंग से जीने के लिए।
स्वार्थ को अपने ताख पर रख ,
अब जीना है मुझे परमार्थ के लिए।

सबकुछ तो लुटाकर देख ही लिया अपनी ज़रुरतों पर,
लेकिन खुशियों का एक तिनका भी हाथ न लगा।
जिस सुकून को तलाश रही थी मैं,
वो सुकून भी मेरे हाथ न लगा।

पर बढ़कर अब आगे करुंगी हर वो काम जो,
ज़रुरी है किसी और के चेहरे पर मुस्कान बिखेरने के लिए।

क्योंकि स्वार्थ को अपने ताख पर रख ,
अब जीना है मुझे परमार्थ के लिए।

16. मत उलझो।

मत उलझो ज़िन्दगी के,
छोटे-मोटे उलझनों में इस क़दर कि,
पलक झपकते ही पूरी ज़िन्दगी निकल जाय,
और तुम्हें पता भी न चले।

सिर्फ रोज़ की रोटियां कमाने की होड़ में,
यूं ही मत गंवा दो उन अनमोल पलों को।
जिन्हें खोने के बाद ही,
कीमत उनकी तुम्हें पता चले।

क्यों एक बन्द किताब बन बैठे हो तुम
जिसके पन्नों को कभी पढ़ा न जा सके।
अपने हसरतों पर ताले ऐसे लगा रखे हैं तुमने
कि उन्हें कभी खोला ही न जा सके।

आज बैठकर अपनों के साथ ,
चाय की चुस्कियों पर ठहाके लगा लो ज़रा।
फैलाकर बाहें अपनी आज फिर एक बार
बारिश में भीग लो ज़रा।

गुनगुना लो वो गीत पुराना आज फिर,
जिसे तुम बचपन में अक्सर गाया करते थे।

इससे पहले कि यह ज़िन्दगी अपने आखिरी पड़ाव पर
आए,
और तुम्हें पता भी न चले।

मत उलझो इस ज़िन्दगी के,
छोटे-मोटे उलझनों में इस क़दर कि,
पूरी ज़िन्दगी पलक झपकते ही निकल जाय,
और तुम्हें पता भी न चले।

17. चलो अब सीख ही लेते हैं।

आसान नहीं हर बार मन में उमड़ते जज़्बातों को,
चन्द शब्दों में पिरोकर अभिव्यक्त कर देना।
आंखों को पढ़ना और आंखों से कहना भी,
चलो अब सीख ही लेते हैं।

आसान नहीं अपने ग़मों को दरकिनार कर,
गैरों के लिए उनका हौसला बन पाना।
अपने अहम् को पराजित करना भी,
चलो अब सीख ही लेते हैं।

आसान नहीं किसी की शिकायतों को,
निशब्द बैठकर सिर्फ सुन लेना।
खुद को ज़रा नज़रंदाज़ कर,किसी और को समझना ,
चलो अब सीख ही लेते हैं।

आसान नहीं बिना कुछ कहे,सिर्फ़ किसी के चेहरे को देख ,
उसके मन की हर उलझन को समझ लेना।
चेहरे को पढ़ने का हुनर भी,
चलो अब सीख ही लेते हैं।

आसान नहीं इस गुरुर को मिटाना,
कि मैं ही श्रेष्ठ हूं कोई और नहीं।
अपनी झूठी शान को दरकिनार कर दूसरों को सराहना,
चलो अब सीख ही लेते हैं।

18. फर्क कहां है?

क्या लगता है हमें कि हम अलग हैं,श्रेष्ठ हैं उनसे,
जो हमारे मज़हब के नहीं।
जिनके पोशाकों की बनावट अलग है हमसे,
या फिर भाषाएं जिनकी हमारे तरह नहीं।

गलतफहमी है हमें या यूं कहें कि नज़रिया ही गलत है,
न वो अलग हैं हमसे न ही हम उनसे अलग हैं।
अगर हम सभी के रक्त का रंग लाल यहां है,
फिर बता दो ज़रा कि, फर्क कहां है?

क्या लगा नहीं करती भूख हमें ठीक वैसे ही,
जैसे लगती है उन्हें कड़ी मेहनत के बाद।
या पड़ा नहीं करते छाले उनके पैरों में भी,
जैसे पड़ते हैं हमारे लम्बे रास्तों पर चलने के बाद।

हो सकता है,कि अलग हो पर्व हमारा उनसे,
और उन्हें मनाने के तरीके भी हमारे अलग अलग ही हो।
लेकिन जब किसी पर्व पर उठती हैं लहरें जो मन में उमंगों
की,
बता दो ज़रा उन उमंगों में फर्क कहां है?

क्या करती हैं फर्क ये हवाएं कभी अपनी शुद्धता में ,

अलग-अलग धर्मों के अनुगामियों के लिए.
या नदियों के पानी की मिठास भी,
हुआ करती है अलग-अलग सभी जीवधारियों के लिए।

अगर कुदरत की नज़रों में हम एक जैसे ही हैं,
तो फिर दिखा दो ज़रा ,हम अलग कहां हैं?
अगर एक जैसी है जीविका हमारी,
फिर बता दो ज़रा कि फर्क कहां है!

19. जी लेने दो।

बहुत चल चुकी उन रास्तों पर जिनकी कोई मंज़िल नहीं,
अब रुककर ज़रा गहरी सांसें ले लेने दो।
ज़िन्दगी जो पीछे छूट गई पहले ही बहुत,
अब लौटकर वापस मुझे उसे जी लेने दो।

न जाने कब से बारिश की बूंदों को,
चेहरे पर अपने महसूस नहीं किया मैंने।
और न ही मिट्टी के चूल्हे पर ,
सेंकी गई रोटियों को निवाला बनाया मैंने,
अब तो उस बारिश में मुझे भीग लेने दो।
ज़िन्दगी जो पीछे छूट गई पहले ही बहुत,
अब लौटकर वापस मुझे उसे जी लेने दो।

न जाने कब से मैं अपने ख्वाहिशों,
और ज़िम्मेदारियों में फर्क करनां भूल गई।
पूछा नहीं खैरियत अपनों का न जाने कब से,
और अपना बताना भी भूल गई।
क्या कह रहे हैं वो सपने धीरे-धीरे कानों में मेरे,
ज़रा ध्यान लगाकर आज उन्हें सुन लेने दो।
ज़िन्दगी जो पीछे छूट गई पहले ही बहुत,
अब लौटकर वापस मुझे उसे जी लेने दो।

न जाने कब से नदी के किनारे बैठ ,
उसके पानी में पैरों को अपने भिगोया नहीं मैंने।
वो पुराने गाने जिन्हें गाया करती थी मैं पहले बहुत,
न जाने कब से अपने होंठों पर गुनगुनाया नहीं मैंने।
आज उस धुन पर होकर बेपरवाह मुझे ज़रा थिरक लेने
दो।
ज़िन्दगी जो पीछे छूट गई पहले ही बहुत,
अब लौटकर वापस मुझे उसे जी लेने दो।

20. सुकून की दौलत

इस तेज़ रफ़्तार जिंदगी में,
सिर्फ बेचैनियां ही कमाई है हमनें।
जो खरीद सके सुकून दिलों के लिए,
ऐ दोस्त बता वो दौलत कहां है?

खरीद सके जो किसी ग़रीब से गरीबी उसकी,
या किसी मरीज़ से उसका मर्ज़।
जो किसी भूखे इंसान के भूख को मिटा दे,
और मिटा दे किसी कर्जदार का कर्ज़।
ऐ दोस्त बता वो दौलत कहां है?

जो रिश्तों में पल रहे नफरतों को खरीद ले,
जो क्षुद्र और ब्राह्मण के मध्य की विषमता को मिटा दे।
जो निर्दयता को करुणा में परिवर्तित कर दे,
जो किसी के अहंकार को खरीद सके।
ऐ दोस्त बता वो दौलत कहां है?

खरीद सके जो किसी के जीवन का अकेलापन,
जो रखें बरकरार रिश्तों में ईमानदारी को।
जो दे सके किसी बच्चे की मासूमियत को सुरक्षा कवच,
जो खरीद सके किसी की विवशता को।
ऐ दोस्त बता वो दौलत कहां है?

इस तेज़ रफ़्तार जिंदगी में,
सिर्फ बेचैनियां ही कमाई है हमनें।
जो खरीद सके सुकून दिलों के लिए,
ऐ दोस्त बता वो दौलत कहां है?

21. मुझे माफ़ कर दो

मुझे माफ़ कर दो ।
आज हो कर नाराज़ बातों पर तुम्हारे ,
न जाने तुमसे क्या कुछ कह गई।
सुनी नहीं मैंने तुम्हारे मन की,
बस अपने ही विचारों में उलझ गई।
कहने का हक तो नहीं कि,
गलतियों को मेरे नज़र अंदाज़ कर दो।
पर फिर भी मुझे माफ कर दो।

रोष में आकर शब्दों को तौला नहीं मैंने,
बेवजह ही प्यार को तुम्हारे समझा झूठा मैंने।
नज़रें फेर ली जब तुम मुझे मनाने आए,
तुम्हारे मजबूरियों को समझ लिया बहाना मैंने।
मेरे हर गुनाह की तुम मुझे सजा दो,
पर फिर भी मुझे माफ कर दो।

ऐसा क्या करूं मैं कि जीत लूं ,
तुम्हारा दिल आज फिर से एक बार।
कहो तो कानों को पकड़ कर,
मैं लगा लूं बैठके हज़ार।
या बिछ जाऊं कदमों में तुम्हारे,
और करूं अपने प्रेम का इज़हार।

इंतज़ार में हूं मैं कि कब तुम ,
मुस्कुरा कर एक बार हां कह दो।
नाराज़ रहो पर फिर भी मुझे माफ कर दो।

22. इससे पहले कि बहुत देर हो जाय।

चलो कैद कर लें आज ,
इस गुजरते हुए वक्त को हमेशा के लिए।
बना लें कुछ अनमोल यादें इनमें,
इससे पहले कि बहुत देर हो जाय।

चलो बैठे हम तुम हाथों में हाथ लेकर,
और बयां कर दे अपने दिल का हाल एक दूजे से।
चलो चाय की चुस्कियों में आज,
अपने ठहाकों से मिठास घोल दें।
जी ले इन पलों में पूरी ज़िन्दगी अपनी,
इससे पहले कि ये लम्हें भी गुजर जाय।
चलो कैद कर लें आज ,
इस गुजरते हुए वक्त को हमेशा के लिए
बना लें कुछ अनमोल यादें इनमें।
इससे पहले कि बहुत देर हो जाय।

परेशानियों के किस्से तो खत्म न होंगे ,
इस ज़िन्दगी में कभी।
ना ही ज़िम्मेदारियों का अहसास रुकने देगा हमें ,
किसी किनारे पर कभी।

पर कुछ वक्त चुराकर इनसे चलो न,
बचपन के खेलों में दिल फिर लगाते हैं।
इससे पहले कि नज़रें हमारी धुंधली पड़ जाय।
चलो कैद कर लें आज ,
इस गुजरते हुए वक्त को हमेशा के लिए।
बना लें कुछ अनमोल यादें इनमें,
इससे पहले कि बहुत देर हो जाय।

चलो बनायें मिट्टी के घरौंदे,
बच्चों के साथ मिलकर।
चलो उस झूले पर बैठ कर एक बार फिर,
ऊंचे आसमान को छूने की कोशिश करें।
इससे पहले कि मन हमारा ,
अफसोस के अतिरिक्त कुछ और न कर पाय।
चलो कैद कर लें आज ,
इस गुजरते हुए वक्त को हमेशा के लिए।
बना लें कुछ अनमोल यादें इनमें,
इससे पहले कि बहुत देर हो जाय।

23. अनमोल यादें

वो वक्त भी अलग था,वो मौसम भी सुहाने थे।
जब आज़ाद परिंदों की तरह,
मैं भी अपने सपनों की उड़ान भरा करती थी।

न चिंता थी आने वाले कल के रोटियों की मुझे,
न परवाह करती थी ज़माने के सोच की।
ज़िम्मेदारियों के बोझ से अनजान मैं,
बस अपने ही धुन में मगन रहा करती थी।
वो वक्त भी अलग था,वो मौसम भी सुहाने थे।
जब आज़ाद परिंदों की तरह,
मैं भी अपने सपनों की उड़ान भरा करती थी।

होकर बेपरवाह बैठा करती थी मैं नदी के घाट पर,
और घंटों तक बातें किया करती थी डूबते हुए सूरज से।
जब लगा करते थे मेले त्योहारों पर हर वर्ष,
तब सज-संवर कर मैं घूमने वहां जाया करती थी।
वो वक्त भी अलग था,वो मौसम भी सुहाने थे।
जब आज़ाद परिंदों की तरह,
मैं भी अपने सपनों की उड़ान भरा करती थी।

भेदभाव और छल-कपट की दुनिया से दूर,
सिर्फ प्रेम के गीत गुनगुनाया करता था मन मेरा।

कहानियां राजा रानियों की सुनते हुए बाबा से अक्सर,
मैं मां के गोद में सो जाया करती थी।
वो वक्त भी अलग था,वो मौसम भी सुहाने थे।
जब आज़ाद परिंदों की तरह,
मैं भी अपने सपनों की उड़ान भरा करती थी।

24. बेपरवाह मन

मुझे भी डर लगता है,
गुज़रते हुए वक्त से!
न जाने वह कब मुझे,
अपनी नाराज़गी तोहफे में दे दे।

हां मुझे भी डर लगता है,
अपनी तन्हाइयों से!
न जाने कब वो मुझे अकेले पाकर,
कड़वी यादों के ज़ंजीरों में फिर से जकड़ ले।

हां मुझे भी डर लगता है,
अपने हाथों की लकीरों से!
न जाने कब वह मेरे उन सपनों को,
जिनमें जान बसती है मेरी।
मुझसे छीन कर चुटकियों में अलग कर दे।

पर अब करुं क्या समझ नहीं आता।
डर कर,न तो वक्त बदलेगा,
न ही किस्मत बदलेगी।
पर हां, हौसला ज़रुर छूटेगा,
और हिम्मत भी टूटेगी।

तो बेहतर यही है,
अब बस करते हैं सोचना।
और वक्त को वक्त की गिरफ्त में ही रहने देते हैं।
मुट्ठी में जो आज का वक्त बचा है न,
उसे खुशहाल बनाते हैं।

क्योंकि,
ज़िन्दगी ज़िंदादिली का नाम है।

25. बातें नहीं कोशिशें

सिर्फ बातों से होते नहीं मुक़द्दर के फैसले,
कुछ कदम हौसलों के बढ़ाने ही पड़ते हैं।
दूर होते नहीं अंधेरे बड़ी-बड़ी बातों से,
झुककर तो दिये जलाने ही पड़ते हैं।

अगर हल ही हुआ करतीं मुश्किलें सभी,
घर बैठे गर्म चाय की चुस्कियों से !
तो क्यों उठाता कोई ईंटों का बोझ अपने कन्धों पर
और लड़ता हर दिन हर पल उन तकलीफों से!

यूं ही नहीं मिला करती रोटियां दो वक्त की सभी को,
पथरीले रास्तों से कदम उनके हर रोज़ ही लड़ते हैं।
दूर होते नहीं अंधेरे बड़ी-बड़ी बातों से,
झुककर तो दिये जलाने ही पड़ते हैं।

जब सूरज की तपिश से झुलसते है तन उनके,
तब सिंकती है रोटियां न जाने कितने घरों में।
न समझे थे कल, न समझेंगे कभी वो,
जो रहा करते हैं अपने आलिशान महलों में।

मिला नहीं करती मंजिलें कभी यूंही,
अपने पैरों के कांटे खुद निकालने ही पड़ते हैं।

दूर होते नहीं अंधेरे बड़ी-बड़ी बातों से,
झुककर तो दिये जलाने ही पड़ते हैं।

26. मन की बात

एक मुस्कराहट ही है तुम्हारी ,
जो आज़ाद है परिंदों की तरह।
इन्हें कैद न करो तुम,
अपने बंदिशों के कारागार में।

नज़रें उठाकर तो देखो ज़रा,
तुम ख्वाहिशों को अपने।
अब मत बैठो इस कदर और,
तुम उन जवाबों के इंतज़ार में।

कभी एक प्याली गर्म चाय की,
बनाया करो अपने लिए भी।
कभी थोड़ी गुफ्तगू तुम,
खुद से भी कर लिया करो।

उलझने तो रहेंगी लाख,
इस जीवन में मगर,
उलझे धागों के जैसे उनमें,
तुम उलझ न जाया करो।

करवटें बदल-बदल जो,
ये सिसकियां लेते हो रात भर।

मत बिता दो रैना अपनी,
किसी और के इंतज़ार में।

एक मुस्कराहट ही है तुम्हारी ,
जो आज़ाद है परिंदों की तरह।
इन्हें कैद न करो तुम,
अपने बंदिशों के कारागार में।

27. मेरी खामोशियां

गौर किया करो मेरे चेहरे पर तुम ज़रा,
मेरी खामोशियां भी बातें किया करती हैं।
मेरे अनकहे लफ्जों की हेरा-फेरी,
ये खामोशियां अक्सर समझ ही लिया करती हैं।

कभी छिप जाती हैं ये खामोशियां,
मेरे मुस्कुराहटों की ओट में।
और कभी नज़र आती हैं,
अश्रुओं से मेरे अठखेलियां करती हुई।

मेरी मन में उमड़ते जज़्बातों के सैलाब को,
ये खामोशियां अक्सर ढक लिया करती हैं।
गौर किया करो मेरे चेहरे पर तुम ज़रा,
मेरी खामोशियां भी बातें किया करती हैं।

गिरफ्त में हैं इसके ,
न जाने कितने ही राज़ इस दिल के।
कभी-कभी कह जाती है वो बातें भी,
जिन्हें अल्फ़ाज़ मेरे कह न सके।

इज़हार-ए-ईश्क भी अक्सर ,
मेरे लफ्ज़ नहीं ये खामोशियां किया करती हैं।
गौर किया करो मेरे चेहरे पर तुम ज़रा,
मेरी खामोशियां भी बातें किया करती हैं।

28. आसान नहीं होता।

आसान नहीं होता कभी,
पत्थर से मूरत बनने तक का सफर।
कुछ चोटें तो खानी ही पड़ती हैं ,
एक सुंदर सांचे में ढलने के लिए।
आसान नहीं होता कभी,
रेत के कण का मोती में रुपांतरण।
एक भीषण कष्ट से गुजरना ही पड़ता है,
उस अनमोल रत्न के निर्माण के लिए।
बस थामकर रखना तुम,
उस उम्मीद की डोर को।
चल देना कुछ और कदम बस,
अपने मंज़िल की ओर को।
यह निर्माण का वक्त है,
और साहस ही रथ है।
इसके आगे तो सभी
भय नतमस्तक हैं।
कठिन तो है हर वक्त,
संयम के चिराग को जलाकर रखना।
धधकती लौ की तपिश सहन करनी ही पड़ती है,
अंधेरे पथ को रौशन करने के लिए।
आसान नहीं होता कभी,
पत्थर से मूरत बनने तक का सफर।

कुछ चोटें तो खानी ही पड़ती हैं ,
एक सुंदर सांचे में ढलने के लिए।
धन्यवाद।

29. मरहम

अपने हर मर्ज़ की दवा,
तो ढूंढ ही लिया करते हैं हम।
पर कुछ कोशिशें कर ,
आज किसी और के दर्द को मिटाते हैं।
चलो न मरहम बन जाते हैं।
किसी और के मन पर वो गहरे घाव,
जो अहम की अग्नि में झुलस रहे वर्षों से।
हम आज उन्हें धीरे से सहलाते हैं।
चलो न मरहम बन जाते हैं।

आज पोछकर देखें चलो हाथों से अपने,
किसी और के उन अश्रु धाराओं को।
जो मन की पीड़ा को बढ़ते देख,
गालों पर अक्सर लुढ़क जाते हैं।
चलो न मरहम बन जाते हैं।

लगी हो भूख अगर किसी को,
प्रेम और सौहार्द की।
पर मौन रहकर काटे वो सज़ा,
न जाने अपने किस अपराध की।
आज बढ़कर आगे गले उन्हें लगाते हैं।
चलो न मरहम बन जाते हैं।

अपने उलझनों में उलझे रहना,
तो ज़िंदगानी है हमारी।
किसी और के उलझनों को आज,
चलो हम मिलकर सुलझाते हैं।
चलो न मरहम बन जाते हैं।

30. बंदिशें

मर्यादाओं के बंदिशो में कैद होकर,
अब मैं और स्वयं को खो न सकूंगी।
ज़रुरत नहीं उड़ने के लिए पंखों की मुझे ,
एक स्त्री हूं मैं इसीलिए अपने हौसलों से उड़ान भरुंगी।

पड़ी हो बेड़ियां पैरों में अगर,
लेकर कलम हाथों में, मैं इतिहास नया रचूंगी।
ज़रुरत नहीं उड़ने के लिए पंखों की मुझे ,
एक स्त्री हूं मैं इसीलिए अपने हौसलों से उड़ान भरुंगी।

जकड़ी थीं जो ख्वाहिशें तथाकथित रिवाजों के ज़ंजीरों में ,
आज बरसों बाद मैं आज़ाद उन्हें करुंगी।
ज़रुरत नहीं उड़ने के लिए पंखों की मुझे ,
एक स्त्री हूं मैं इसीलिए अपने हौसलों से उड़ान भरुंगी।

मन की अभिव्यक्ति पर मौन रुपी ताले लगा रखे थे मैंने,
पर उस मन की सभी गांठें मैं आज खोलकर रहूंगी।
ज़रुरत नहीं उड़ने के लिए पंखों की मुझे ,
एक स्त्री हूं मैं इसीलिए अपने हौसलों से उड़ान भरुंगी।

कोई हमदर्द न मिले अगर तो परवाह नहीं मुझे ,
अपने हर दर्द की दवा मैं स्वयं बनूंगी।
ज़रुरत नहीं उड़ने के लिए पंखों की मुझे ,
एक स्त्री हूं मैं इसीलिए अपने हौसलों से उड़ान भरुंगी।

31. नारी तुम अपरिभाषित

कैसे समेट लूं एक दायरे में,
उस नारी के अस्तित्व का बखान।
अपरिभाषित है चन्द पंक्तियों में वह,
स्वभाव है जिसका बलिदान।

पारलौकिक शक्तियां निहित है जिसमें,
ईश्वर की ऐसी अनुपम कृति है वह।
प्रबल साहस और धैर्य से निर्मित ,
क्रोध और करुणा का अनूठा संगम है वह।

सूरज सा तेज़ रखने वाली नारी,
चन्द्रमा सा शीतल मन भी रखती है।
त्याग एवं समर्पण को कर्त्तव्य समझ ,
वह सभी दायित्वों का निर्वहन दिल से करती है।

उफनती नदियों सी चंचल एक नारी,
सागर सी गहराई भी मन में रखती है।
कभी संकट पड़े तो दीपक बन वह,
सम्पूर्ण जग को रौशन करती है।

सर्वगुण संपन्न होकर भी,
नहीं होता जिसे किसी बात का अभिमान।

अपरिभाषित है चन्द पंक्तियों में वह,
स्वभाव है जिसका बलिदान।

32. समाज का स्तम्भ
"एक स्त्री"

सांस्कृतिक धरोहर का भार,
मैं कंधों पर अपने उठाती हूं।
स्तम्भ हूं इस समाज का मैं,
हर धर्म अपना निभाती हूं।

मुझसे ही हैं चूल्हे की गर्म रोटियां,
मुझसे ही है गुलज़ार हर घर का आंगन।
ज़रुरत पड़े कभी अगर तो,
हर दर्द की दवा भी बन जाती हूं।
स्तम्भ हूं इस समाज का मैं,
हर धर्म अपना निभाती हूं।

दिनभर के थकान को मिटाने वाली,
गर्म चाय की चुस्कियां भी मुझसे हैं।
सर्दियों में हर फरमाइश पर बनने वाले,
पकवानों की खुशबू भी मुझसे है।
मन की हार जो जीत में बदल दे,
वो हुनर भी मैं जानती हूं।
स्तम्भ हूं इस समाज का मैं,
हर धर्म अपना निभाती हूं।

प्रथम शिक्षक बन नई पीढ़ी में,
बोती हूं बीज संस्कारों के।
फिर सींचा करती हूं उन बीजों को,
अपने प्रेम,त्याग समर्पण से।
कभी कभी बन पथप्रदर्शक,
मैं उचित-अनुचित का मार्ग दिखाती हूं।
स्तम्भ हूं इस समाज का मैं,
हर धर्म अपना निभाती हूं।

33. धर्म कहां !

कोई बैठा हो भूखा दरवाज़े पर मेरे अगर,
लेकिन भरकर पेट अपना ,
मैं सो जाऊं सुकून की नींद।
तो धर्म कहां है?
ओढ़ूं अगर बेशकीमती वसन मैं तन पर अपने,
पर ठंड से ठिठुरते किसी दीन के तन पर ,
ओढ़ा न सकूं एक दुशाला पुरानी।
तो धर्म कहां है?
लुटाकर तिज़ोरी अपनी करुं दान दक्षिणा धर्मस्थलों में,
पर चन्द रुपयों के खातिर करुं प्रश्न अनेकों,
उन श्रमिकों से उनके श्रम मूल्य के लिए।
तो धर्म कहां है?
वह दौलत किस काम का!
जो खरीद न सके किसी और के आंसुओं को।
वह काबिलियत कैसी!
जो दे न सके मुस्कान किसी मासूम के चेहरे पर।
बांधकर पट्टियां नज़रों पर अपने,
अगर करुं सवाल मैं किसी और के विवशता पर।
तो धर्म कहां है?

34. सपनें हैं वो मेरे कोई ख्वाहिश नहीं।

सपनें हैं वो मेरे कोई ख्वाहिश नहीं,

जिन्हें भूलकर मैं नज़रें अपनी हटा लूं।

ज्वाला है वह,जो अन्तर्मन में धधक रहा मेरे।

कोई लौ नहीं एक छोटे-से दिये का,

जिसे फूंककर मैं बुझा लूं।

वर्षों सींचा मैंने जिस बीज को,

धैर्य और साहस से अपने।

पहचान है वो मेरे सीरत का,

कोई दाग नहीं दामन पर मेरे, जिसे छुड़ा लूं।

सपनें हैं वो मेरे कोई ख्वाहिश नहीं,

जिन्हें भूलकर मैं नज़रें अपनी हटा लूं।

माना कि, पगडंडियां हैं संकरी,

और कांटें भी हैं राहों पर बहुत।

पर लक्ष्य है यह अंतिम जीवन का मेरे,

कोई लालच नहीं इस मन का जिसे ठुकरा दूं।

सपनें हैं वो मेरे कोई ख्वाहिश नहीं,

जिन्हें भूलकर मैं नज़रें अपनी हटा लूं।

35. क्यों नाराज़ हो तुम इस कदर।

क्यों नाराज़ हो तुम इस कदर,
खुद की खामियों पर!
क्यों नाराज़ हो तुम इस कदर,
खुद की खामियों पर!
इस मतलबपरस्त दुनिया में
कोई भी बेदाग तो नहीं!
चन्द नाकामयाबियां तो हैं,
सभी के तकदीरों में लिखी।
पर काबिल नहीं तुम,
ये कोई बात तो नहीं!
चलो माना कि,
कुछ उलझने तुमसे सुलझ नहीं रहीं-२।
मन की वो गांठ
तुमसे खुल ही नहीं रही।
तो क्या हुआ !
छोड़ दो न उन उलझनों को,
कर दो उन्हैं दरकिनार।
मुस्करा भी दो ज़रा,
मत करो अब और इंतज़ार।
कुछ पतंगें कटती हैं अगर,

तो कट जाने दो।
छूटते हैं कुछ मौके अगर,
तो छूट जाने दो।
बांट लो न मुझसे ही,
सारी बातें वो दिल की।
बरसों से दबे उन अनगिनत राज़ों से,
पर्दा उठ जाने दो।
कुछ कम कुछ ज़्यादा ,
तो हिस्से में हैं सभी के।
कुछ अंधेरे, कुछ उजाले,
तो किस्से हैं सभी के।
मत समझो कसूरवार तुम,
उन कटते पतंगों के लिए खुद को।
जिनके उलझे हुए मांझे,
तुम्हारे हाथ में नहीं।
क्यों नाराज़ हो तुम इस कदर
खुद की खामियों पर,
इस मतलबपरस्त दुनिया में
कोई भी बेदाग तो नहीं!

36. अगर बनना ही है तो।

अगर बनना ही है तो,
सुकून बनो, किसी और के ज़िंदगी का।
माथे पर उभरी लकीरें परेशानियों की,
तो सभी बन जाया करते हैं।
अगर बनना ही है तो,
लाठी बनो, किसी और के डगमगाते क़दमों की।
एक मतलबपरस्त सहारा तो सभी बन जाया करते हैं।
अगर बनना ही है तो,
सूरज बनो, किसी और के लिए उन गहरी काली रातों का।
अपने घर के दिये तो सभी जलाया करते हैं।
अगर बनना ही है तो,
छांव बनो, किसी और के लिए धूप में तपती राहों पर।
गैरों के राहों पर अंगारे तो सभी बिछाया करते हैं।
अगर बनना ही है तो,
खेवट बनो किसी और के डूबते नांव का।
अपने जीवन की नईया तो सभी पार लगाया करते हैं।
अगर बनना ही है तो,
विश्वास बनो किसी के टूटते-बिखरते उम्मीदों का।
कड़वी ओछी बातों से तो दिल सभी तोड़ जाया करते हैं।
अगर बनना ही है तो,
दवा बनो, किसी और के दर्द की।
अपने ज़ख़्मों पे मरहम तो सभी लगाया करते हैं।

अगर बनना ही है तो,
प्रेम बनो, किसी और के मन में पल रहे नफ़रत को
मिटाने के लिए।
नफ़रत की उस छोटी-सी चिंगारी को आग तो सभी बनाया
करते हैं।

37. आज फिर खुद से बातें करने बैठी हूं

आज फिर खुद से बातें करने बैठी हूं।

कुछ अनसुलझे सवाल करने बैठी हूं।

दिल के किसी कोने में जो तन्हाई पसरी है,

उसे आज हटाने बैठी हूं।

आज फिर खुद से बातें करने बैठी हूं।

पूछूं मैं खुद से क्या हुआ ऐसे उदास क्यों हो तुम?

क्यों हर किसी की कड़वी बातें दिल में लिए बैठी हो तुम!

जो कर सकती हो तुम वो और किसी के बस में कहां!

तुम सा हिम्मती और धैर्यशील कोई भी और नहीं यहां।

जैसी भी हो ,उस ईश्वर की एक उत्तम रचना हो तुम।

बस इन्हीं बातों को दिल में उतारने बैठी हूं,

आज फिर खुद से बातें करने बैठी हूं।

क्यों करती हो इंतज़ार कि वो समझे तुम्हें,

जिन्होंने अपने बनाये नितियों पर हर वक्त परखा तुम्हें।

इसी अंतहीन इंतज़ार को मिटाने बैठी हूं,

आज फिर खुद से बातें करने बैठी हूं।

तुलना खुद की किसी और से तुम करना कभी नहीं।

समाज के झूठे आरोपों से तुम डरना कभी नहीं।

सूरज सा आग है तुममें

तो जल सी शीतल भी तुम।

अल्हड़ बेपरवाह सा मन है तुम्हारा,
तो एक सशक्त, बुद्धिजीवी व्यक्तित्व की धारक भी तुम।
समेटो उन बिखरे पन्नों को जिनमें लिखी है दास्तां
तुम्हारी,
क्यों इस तरह उनसे मुंह मोड़ कर बैठी हो तुम!
आज खुद को इन्हीं बातों का अहसास कराने बैठी हूं।
आज फिर खुद से बातें करने बैठी हूं।

38. काश

जब पहुंचूं मैं उम्र के अपने आखिरी पड़ाव पर,
तब कोई ख्वाहिश काश में तब्दील न हो जाए।

जब मुड़कर देखूं राहें अपनी,
तब अफसोस का दर्द मन में न उठ जाय।
वक्त रहते वक्त को समझूं,
ताकि कल यह वक्त मुझको न ललचाये।
अपने होने के मकसद को समझूं,
ताकि ये जीवन यूंही न कट जाए।
सिर्फ जन्म लेकर मरना ही मकसद तो नहीं
इस जीवन का।
कुछ तो और रहस्य छिपा पड़ा है इसमें,
कुछ कोशिशें और कर लूं बढ़कर जानने की उसे,
फिर चाहे भले ही वो आखिरी वक्त द्वार पर आए।
जब पहुंचूं मैं उम्र के अपने आखिरी पड़ाव पर,
तब कोई ख्वाहिश काश में तब्दील न हो जाए।

39. चलो आज तुम्हें सुन ही लेती हूं।

चलो आज तुम्हें सुन ही लेती हूं,
तुम्हारे अनकही शिकायतों पर गौर कर ही लेती हूं।
न जाने कितने दिनों का बैर लिए दिल में बैठे हो तुम,
आज उन सभी से रुबरु हो ही लेती हूं।
चलो आज तुम्हें सुन ही लेती हूं।
माना कि गुनहगार हूं मैं तुम्हारे हर ज़ख्म का,
पर सज़ा इसकी अपनी खामोशियों से न दिया करो तुम।
आज मुझसे जुड़े तुम्हारे मन के हर गांठ खोल ही देती हूं,
चलो आज तुम्हें सुन ही लेती हूं।

40. खालीपन

उन शोर शराबों से भरे महफिलों में भी,
पसरा हुआ एक खालीपन क्यों है?
हज़ारों नज़रों से घिरे उस मुस्कुराते चेहरे में छिपा
एक उदास मन क्यों है?

सबकुछ तो है इस भागती हुई ज़िन्दगी में,
फिर क्या है जो पीछे छूट रहा है?
अगर पटरी पर है ज़िन्दगी की गाड़ी
तो फिर अन्तर्मन में क्या टूट रहा है?

क्यों, कुछ सवाल ऐसे हैं,
जिनके हिस्से में जवाब ही नहीं?
जीवन के संकरे पकडंडियों पर संभलने के तरीके,
क्यों कागज़ी किताब में नहीं?

चलो ढूंढते हैं इन पहेलियों का हल,
जो बाहरी आडंबरों में नहीं अन्तर्मन में छुपा है।
क्योंकि बाहर तो वक्त रेत सा फिसल रहा है,
पर अन्दर!वो रुका है।

41. अभिव्यक्ति-एक असम्भव प्रयास

हां!
नहीं रह सकती मैं तुम्हारे बगैर,
भले ही तुमसे लाख शिकायतें कर लूं
हर छोटी-बड़ी बात पर झगड़ लूं।
पर डरता है दिल मेरा जब तुम ,
मुझे छोड़कर जाने की बात करते हो।
मज़ाक में ही सही पर,
मुझे भावनाओं के तराज़ू पर तौलते हो।
मैं बेचैन हो उठती हूं ख़ामोश रहकर भी,
भले ही नज़रों से ज़ाहिर न होने दूं।
क्योंकि,
नहीं रह सकती मैं तुम्हारे बगैर,
भले ही तुमसे लाख शिकायतें कर लूं।

आसान होता है यह सवाल करना,
कि न रहूं मैं अगर कल फिर क्या करोगी !
पर ये सुनना पाना मुश्किल है कितना,
ये तुम शायद कभी न समझ पाओ।
मेरे आंसू जो बयां कर रहे हैं,
बड़ी खामोशी से मेरे हाल-ए-दिल को।

तुम शायद ही उन्हें बिल्कुल,
उसी तरह पढ़ पाओ।
शून्य हूं मैं तुम्हारे बिना पर,
शब्दों में इसे अभिव्यक्त करना सम्भव नहीं।
चाहे कितने भी जतन कर लूं।
पर सच यही है,
नहीं रह सकती मैं तुम्हारे बगैर,
भले ही तुमसे लाख शिकायतें कर लूं।

42. मुझे महंगे तोहफे पसंद नहीं।

मुझे महंगे तोहफे पसंद नहीं,
कुछ देना ही है अगर तोहफे में,
तो मेरे सपनों को उड़ने के लिए
एक खुला आसमान दे दो।
अपनी वास्तविकता को,
बाहरी आडंबरों से ढकना मुझे पसंद नहीं।
फिर भी खुश देखना चाहते हो अगर तुम मुझे,
तो मेरा अस्तित्व जो पीछे छूट गया उसे लौटा दो।
तुम कहा करते थे न,
कि तुम्हारी हर ख्वाहिश पूरी करुंगा!
तो फिर तुम्हारे इरादों में,
मेरे ख्वाहिशों का ज़िक्र क्यों नहीं है?
मेरे सपने जो पीछे छूटते जा रहे हैं,
तुम्हें उनकी ज़रा भी फ़िक्र क्यों नहीं है!
मुझे शानो-शौकत से भरी दुनिया पसंद नहीं,
फिर भी अगर रौशनी तोहफे में देना चाहते हो।
तो मुझे एक बार फिर मुझसे फिर मिला दो।

43. लेखन:एक मरहम

हाथों में कलम थामें,
मैं ये सोच रही हूं कि,
सामने पड़े इन कोरे कागजों पर आज,
मन का कौन सा गुबार निकालूं!

ये दिल तो न जाने कितने,
विषैले कांटों से ज़ख्मी हुआ पड़ा है।
मैं किन हिस्सों का कांटा,
आज पहले निकालूं!

कुछ ज़ख्म तो ऐसे भी हैं,
जो अब नासूर बन चुके हैं।
अपनी कहानी बयां करते-करते ,
अब वो भी थक चुके हैं।

उन्हें ही कागजों पर उतार ,
मन का बोझ हल्का कर लूं।
या फिर ज़ख्म वो जो नए है ,
उन्हें लिख गहराई उनकी नाप लूं।

हाथों में कलम थामें,
मैं यही सोच रही हूं कि,
सामने पड़े इन कोरे कागजों पर आज,
मन का कौन सा गुबार निकालूं!

दिल तो कर रहा है कि,
कुछ ऐसा लिख जाऊं।
जिससे मन की हर गांठ,
बस चुटकियों में खुल जाए।
उन बेहिसाब सवालों को जवाब,
आज खुद-ब-खुद मिल जाए।

माना कि सिर्फ लिख देने से,
मिटा नहीं करते ज़ख्मों के निशान।
पर कागजों पर ही सही,उन्हें खुद से अलग देख,
ज़रा मरहम तो लगा लूं।

हाथों में कलम थामें,
मैं यही सोच रही हूं कि,
सामने पड़े इन कोरे कागजों पर आज,
मन का कौन सा गुबार निकालूं!

44. आत्मविश्लेषण

कभी तो अपने नज़रों पर पड़े उन,
खुदगर्ज़ी के पर्दो को हटाकर देखिए जनाब!
किसी और की नज़रों में उसकी बेबसी,
साफ-साफ झलक जाएगी।

कभी तो अपने अहम को ताक पर रख,
अपनत्व की गर्माहट देकर देखिए जनाब!
वो सिसकियां किसी मासूम की,
खुद ब खुद बन्द हो जाएगी।

यूं तो हजार बहाने मिल ही जाते हैं,
मजबूर-ए-हालात पर सवाल करने के लिए उनके।
कभी उंगलियां खुद पर उठाकर तो देखिए जनाब!
सारी शिकायतें खुद ब खुद खत्म हो जायेंगी।

आसान है न!परखना,
किसी और को अपने नीतियों पर?
कभी खुद को किसी और की नज़रों से भी देखिए जनाब!
शर्मिन्दगी आंखों में ख़ुद ब ख़ुद उतर आयेगी।

कभी तो अपने नज़रों पर पड़े उन,
खुदगर्ज़ी के पर्दो को हटाकर देखिए जनाब!

किसी और की नज़रों में उसकी बेबसी,
साफ-साफ झलक जाएगी।

45. तुम्हें अधिकार नहीं देती।

जाओ!
मैं नहीं देती ये अधिकार तुम्हें कि तुम,
सही और ग़लत के तराज़ू पर तौल सको मुझे।
वो परिस्थितियां जिनसे होकर तुम गुज़रे ही नहीं कभी,
फिर भी खुद को अनुभवी समझ,उन पर राय दे सको मुझे।

कहना आसान है कि काश,
तुमने ये किया होता तो शायद ऐसा नहीं होता।
मैं मानती हर बात तुम्हारी अगर,
तुम्हें भी इन्हीं मुश्किलों का अनुभव होता।

पर अफसोस,तुम तो इस फिराक में हो,
कि किस तरह ग़लत साबित कर सको तुम मुझे।
इसीलिए जाओ!
मैं नहीं देती ये अधिकार तुम्हें कि तुम,
सही और ग़लत के तराज़ू पर तौल सको मुझे।

किसी का हमदर्द बनना आसान नहीं।
अपने शब्दों के बाण ताख पर रखने पड़ते हैं,
किसी के ज़ख्मों पर मरहम लगाने के लिए।

दायरे अपनी सोच के बढ़ाने पड़ते हैं,
किसी और के पहलू को समझने के लिए।

पर तुम तो अपने व्यंगात्मक बाण हाथ में लिए बैठे हो,
कि कब उनसे आहत कर सको मुझे।
इसीलिए जाओ!
मैं नहीं देती ये अधिकार तुम्हें कि तुम,
सही और ग़लत के तराजू पर तौल सको मुझे।

46. सब्र का बांध

कभी जो मन तन्हा पड़ जाय
सब्र का बांध वो फिर टूट जाये ,
कहो उसी वक्त खुद से थपथपाकर कंधा अपना
कि सब ठीक हो जायेगा।
घड़ियां इम्तिहान की क्या ख़त्म न होंगी कभी!
यही प्रश्न जब उठे बार बार मन में तभी,
कहो आयने में खुद से नज़रें मिलाकर,
कि सब ठीक हो जायेगा।

कहते हैं,मेहनत का फल मीठा होता है।
एक गहरी काली रात के बाद सवेरा ज़रुर होता है।
फिर क्यों!
जब बैठती हूं हिसाब करने रात के अंधेरे में
दिनभर की थकान का
तब हाथ मेरे कुछ भी न लगता है।
जब उलझनें ऐसी मन पर हावी हो जाय
मुकद्दर में लिखा क्या है, कुछ समझ न आए।
तभी हौले से हाथ अपना दिल पर रखकर कहो,
कि सब ठीक हो जायेगा।

कब होगी तलाश वो मेरी पूरीं ,
और कब,मेरी भी कोशिशें मुकम्मल होंगी!

वो चन्द आम खुशियां जो तकदीरों में सभी के है लिखी
क्या मेरे तकदीर को भी कभी नसीब होंगी?
जब गठरी ऐसे सवालों की दिल पर बोझ बन जाय,
और आंसुओं का सैलाब जब और रोका न जाए।
तभी अपनी टूटती-बिखरती हिम्मत को कहो,
कि सब ठीक हो जायेगा।

हर बार मैं ही क्यों!
उस खुदा से न जाने ऐसी कितनी ही शिकायतें होंगी ।
और जब मन बेचारा यह मान बैठे कि,
उसके फरियादों की सुनवाई कभी न होगी।
बस!
तभी अपनी शिकायतों से मुस्कुरा कर कहो,
कि सब ठीक हो जायेगा।

47. फुर्सत ही कहां।

मुझे खुद को तराशने से फुर्सत ही कहां,
कि सिर्फ खामियों को ढूंढने में वक्त गुज़ार दूं।
मैं अगर अपनी नज़रों में लाजवाब हूं तो फिर,
नज़रों में तुम्हारे,तारीफें अपनी क्यों तलाश करुं?

तुम बातें मुकद्दर की करते हो,मुश्किलों की करते हो।
पर नज़रें तो मेरी हौसलों और जवाबों पर टिकी हैं।
मुझे वक्त ही कहां जो चर्चा अंधेरों पर छेड़ूं,
मेरी हिम्मत तो उस अंधेरे को चीरती नन्हें दिये से बंधी
है।
मुझे अपने ख्वाहिशों की तिश्नगी से फुर्सत ही कहां,
जो औरों के ख्यालों को समझने में वक्त गुज़ार दूं।
मैं अगर अपनी नज़रों में लाजवाब हूं तो फिर,
नज़रों में तुम्हारे,तारीफें अपनी क्यों तलाश करुं?

अपना रहनुमा अगर खुद हूं मैं तो,
भटकने का प्रश्न फिर कहां उठता है।
इरादे नेक हो अगर तो फिर,
वो आसमान भी कदमों पर झुकता है।
मुझे अपनी कोशिशों से फुर्सत ही कहां,
जो किसी और के प्रश्नों को हल करुं।
मैं अगर अपनी नज़रों में लाजवाब हूं तो फिर,

नज़रों में तुम्हारे,तारीफें अपनी क्यों तलाश करुं।

मुझे ज़रुरत ही नहीं ,
किसी और के किरदार को अपना बनाने की।
मेरी कमियां मेरे अस्तित्व को ज़िंदा जो रखती हैं।
परतें धूल की कितनी भी,जम जाए जो किताबों पर ,
पर इससे महत्वत्ता उन किताबों की कहां घटती हैं।
मुझे खुद की कहानी लिखने से फुर्सत ही कहां,
जो किसी और की कहानियां इत्मिनान से बैठकर पढ़ूं।
मैं अगर अपनी नज़रों में लाजवाब हूं तो फिर,
नज़रों में तुम्हारे,तारीफें अपनी क्यों तलाश करुं।

48. मैं अकेली नहीं हूं।

मैं भीड़ का हिस्सा बन गुमनाम हो सकती हूं,
जब लाठियां कुदरत की पड़े तो रो सकती हूं,
उन तमाम सवालों के जवाब ढूंढते -ढूंढते थक सकती हूं,
जो चोट लगे गहरी मन पर तो हिम्मत भी खो सकती हूं,
पर मैं अकेली नहीं हूं और न कभी हो सकती हूं।

बद्तर हालातों में वक्त की आज़माईश पर टूट सकती हूं,
ग़लतियां किसी और की हो पर इल्ज़ाम देख खुद पर ,
मैं अपना आपा खो सकती हूं।
अपनी नाकामयाबियों पर हताश हो सकती हूं,
पर ,मैं अकेली नहीं हूं और न कभी हो सकती हूं।

क्यों कि, है न मेरे साथ!
उन हज़ारों ठोकरों के बाद मिली वो अनमोल सीख,
जो कच्चे और पक्के डगर के मध्य का फ़र्क बताती है।
वो अनगिनत हिदायतें ,मिली जो अपनों से बीते कल में,
अब अंधेरे रास्तों पर रहबर बन जाती हैं।

अलावा इसके,कोई और भी है ,
नज़रें जिसकी हर वक्त मुझपर टिकी हैं ।
मैं अकेली होकर भी,नहीं हूं अकेली क्यों कि ,
वो मौजूद है हर पल हर जगह इसीलिए,

मेरी हिम्मत अब तक बंधी है।
वो मेरा यकीन खुद पर इस कदर बांधे रखता है कि,
उन झूठे इल्ज़ामात से अब डर कम लगता है।
लहरें कितनी भी उठे उन मुश्किलों के समन्दर में ,
लेकिन पतवार मेरे कश्ती की ,वो हमेशा थामे रखता है।

इसीलिए,
मैं उलझनों के भंवर में फंसकर कमज़ोर पड़ सकती हूं,
किरणें उम्मीदों की जो पड़ जाय मध्यम तो मायूस हो
सकती हूं,
अपनी मनोदशा देख खामोश भी हो सकती हूं,पर,
पर मैं अकेली नहीं हूं और न कभी हो सकती हूं।

मैं भीड़ का हिस्सा बन गुमनाम हो सकती हूं,
जब लाठियां कुदरत की पड़े तो रो सकती हूं,
उन तमाम सवालों के जवाब ढूंढते -ढूंढते थक सकती हूं,
जो चोट लगे गहरी मन पर तो हिम्मत भी खो सकती हूं,
पर मैं अकेली नहीं हूं और न कभी हो सकती हूं।

49. चाय, बारिश और यादों की बारात

आज बैठी जब रोज़ की तरह थकान मिटाने,
बरामदे में अपने शाम की चाय लिए।
तभी बड़े प्यार से छुआ मुझे किसी ने,
नज़रें उठाकर देखा ऊपर तो वही बारिश थी।
पर उसका बरसना आज कुछ अलग था,लगा जैसे फिर
पुरानी यादों के छींटों से मुझे भिगोने की ये उसकी साजिश
थी।

फिर समझ आया कि इस बारिश ,
और चाय का रिश्ता तो बड़ा पुराना है।
जब भी कभी बैठती हूं अपनी चाय लिए,
गुज़रे हुए लम्हों का हिसाब करने ,
उसी वक्त इस बारिश को भी आना है।

शुरू हुआ फिर बचपन की यादों का सिलसिला,
जब भिगोता था यही बारिश मुझे बड़ी बेदर्दी से,तब मां
किस तरह अपने हाथों से मेरे बालों को पोंछकर,
फिर गर्म चाय पिलाती थी।
आइंदा मत भीगना उस कम्बख्त बारिश में,
बड़े प्यार से इस हिदायत के साथ हल्की झड़प भी लगाती

थी।

वो वक़्त भी अलग था जब बारिश के मौसम में,
बाबा के साथ बैठ शाम की चाय पर,
किस्से कहानियों के सिलसिले शुरू होते थे ।
और जब बारिश में भीगी उस माटी की सोंधी खुशबू,
हमारे चाय का स्वाद बढ़ाती थी,
तब न जाने कितने पेंचीदे मसले चुटकियों में हल होते थे।
वो चाय और उसकी चुस्कियों का मज़ा !
आज की इस चाय में कहां ,
इन्हीं बातों का एहसास कराना आज,
इस बारिश की कोशिश थी।
तभी,उसका बरसना आज कुछ अलग था,
लगा जैसे फिर ,
पुरानी यादों से मुझे भिगोने की ये उसकी साजिश थी।

अब तो लफ़्ज़ भी कम पड़ रहे हैं यह बताने के लिए कि,
इस बारिश और चाय का रिश्ता कितना अनोखा है।
न जाने कितनों के लिए उनकी पहली मुलाक़ात का ज़रिया
बना ये,
और न जाने कितनों का दिल टूटने से भी रोका है।

आज की ये जो ज़िन्दगी है न बहुत तेज़ भाग रही है।
हमें ठहरने का और संभलने का वक़्त ही नहीं देती।
हम थे सही कहां और कहां पर गलत,
ये भी समझने तक नहीं देती।
अगर रोकना है इस भागती हुई ज़िन्दगी को कुछ पल के

लिए,तो जब भी बारिश आए एक चाय की प्याली लेकर
ज़रूर बैठना ।
क्यों कि ये बारिश भी मौके हर बार नहीं देती।